HISTOIRE

D'UNE RÉFORME

PAR

M. Henri BRISSON

Député
Ancien Président du Conseil
Ancien Président de la Chambre des Députés

BIBLIOTHÈQUE DE VULGARISATION PRATIQUE

M. PROVENSAL, Directeur à Châteauroux

1905

HISTOIRE D'UNE RÉFORME

HISTOIRE

D'UNE RÉFORME

PAR

M. Henri BRISSON

Député

Ancien Président du Conseil

Ancien Président de la Chambre des Députés

BIBLIOTHÈQUE DE VULGARISATION PRATIQUE

M. PROVENSAL, Directeur à Châteauroux

—

1905

HISTOIRE D'UNE RÉFORME

PRÉFACE (1)

M. Fravaton me demande d'écrire une préface à son livre « *L'Impôt sur les formalités et les décisions judiciaires* » ; j'y consens bien volontiers : il existe entre sa famille et la mienne ces bons souvenirs d'amitiés de province que rien ne remplace ; je me reporte d'ailleurs avec plaisir à la préparation des lois sur les *Frais de justice* ; c'est là une des périodes les plus laborieuses et les meilleures de ma vie ; de plus, il n'est peut-être pas sans intérêt de raconter l'histoire d'une réforme, modeste il est vrai, mais enfin d'une réforme proposée le 27 janvier 1891 et passée, en grande partie tout au moins, dans les lois de finances du 26 janvier 1892 et du 28 avril 1893. Pourquoi d'autres réformes n'auraient-elles pas le même succès ?

I

Un mot d'abord des raisons qui me poussèrent à présenter ma première proposition sur les frais de justice.

L'abaissement des taxes diverses comprises sous ce nom avait été souvent demandé ; mais c'était une réforme que l'on avait l'habitude d'aborder par la revision du Code de procédure civile, la suppression de certaines formalités, la simplification de plusieurs autres. J'avais moi-même, comme Garde des Sceaux, présenté en 1885, à M. le Président de la République, un rapport concluant à cette revision ; mes successeurs avaient déposé des projets de loi ; mais, d'une part, la revision du Code de procé-

(1) Ces quelques pages ont été écrites pour servir de *Préface* à l'**Impôt sur les formalités et les décisions judiciaires**, Commentaire des lois du 26 janvier 1892 et du 28 avril 1893 par M. Fravaton, ancien Inspecteur de l'Enregistrement à Paris et M. Desribes, Sous-Chef à la Direction Générale de l'Enregistrement: un fort volume de 800 pages avec Table-Tarif et Reproduction intégrale des documents parlementaires: — 8 fr. à la Bibliothèque de Vulgarisation pratique, M. PROVENSAL, Directeur à Châteauroux.

dure est une œuvre de bien longue haleine ; la Chambre n'a pas pu encore la mettre à son ordre du jour ; d'un autre côté, le problème touche aux intérêts du Trésor.

Il faut, en effet, distinguer :

Les frais de justice comprenaient les honoraires des officiers ministériels et les taxes perçues au profit du Trésor sous forme de droits de greffe, d'enregistrement et de timbre.

Les honoraires des officiers ministériels sont une question à part.

Quant aux taxes publiques, elles formaient l'un des principaux obstacles à la réforme du Code de procédure. Dans mon rapport du 21 décembre 1885, je ne visais que les neuf premiers livres du Titre II et le Fisc, si ma mémoire est exacte, évaluait à 6 millions déjà les sommes qu'il perdrait à la disparition de certains actes condamnés par tout le monde. Ces actes, il fallait donc, pour écarter l'obstacle financier, les soustraire d'abord à toute taxation en reportant la charge fiscale sur un autre moment du drame judiciaire, si l'on me passe l'expression.

Quelle règle adopter pour opérer cette transformation ? Les réclamations des justiciables l'indiquaient. En effet, de tous ces impôts « progressifs à rebours » que l'on rencontre encore trop dans notre législation, le plus criant, par son énorme improportionnalité, était l'impôt des frais de justice. Cette situation a beaucoup changé, grâce aux lois de 1892 et de 1893 ; mais il y a quinze ans, cette improportionnalité, nous le répétons, était criante. Tous les droits d'enregistrement, de timbre et de greffe étant fixes, il n'existait aucune relation entre leur taux et les intérêts en litige ; ou, pour mieux dire, la relation était inverse ; le petit plaideur était beaucoup plus frappé que celui dont la cause portée devant les tribunaux engageait des intérêts s'élevant à plusieurs centaines de mille francs. L'unique droit proportionnel, le droit de condamnation, de collocation et de liquidation, était si faible qu'il était bien loin de rétablir la proportion dans le sens de l'équité.

Un seul chiffre dira tout sous ce rapport : les frais de justice rapportaient au Trésor 42 millions ; or, il y avait là-dessus 3 millions et demi seulement de droits proportionnels. La part faite à l'équité n'était pas d'un dixième.

Citons cependant quelques exemples pour les lecteurs à qui ce chiffre unique ne suffirait pas.

En justice de paix, une instance de 100 francs payait à l'État, en droits de timbre, d'enregistrement et de greffe, 19 fr. 30 pour cent ; une instance de 400 francs payait seulement 4 fr. 98 pour cent.

Devant le tribunal de commerce, une affaire de 500 francs revenait à 12 fr. 88 pour cent ; une affaire de 100.000 francs à 0 fr. 71 pour cent.

Devant les tribunaux ordinaires, la proportion était naturellement plus criante encore.

De même pour les droits fixes perçus en dehors des instances.

Les acceptations de succession étant tarifées à 5 fr. 63, un héritier qui recueillait 100.000 francs payait à l'État juste 5 fr. 63 ; dix héritiers se partageant 1000 francs devaient acquitter 56 fr. 30.

Grâce à ce que l'on appelle « la pluralité des droits fixes », autant de droits étaient perçus qu'il y avait de dispositions indépendantes ou de parties en cause. Voici l'un des effets de cette règle :

Dans une adjudication devant le tribunal de Soissons, 39 acquéreurs ayant notifié à 63 créanciers le jugement, il fut perçu, pour un seul acte d'huissier $39 \times 63 = 2,457$ droits fixes à 2 francs, c'est-à-dire 4.914 francs en principal et, avec le décime 5.405 fr. 40, pour une vente totale de 34.173 francs !

La statistique du Ministère de la Justice faisait connaître que, pour les ventes judiciaires ne dépassant pas 500 francs, les frais s'élevaient à 137 fr. 37 pour cent, tandis qu'ils s'abaissaient à 2 fr. 69 pour cent dans les ventes supérieures à 10.000 francs.

Que si l'on veut un exemple de l'application de la règle sur « les dispositions indépendantes », nous l'emprunterons au jugement rendu le 13 novembre 1889, dans l'affaire de Madame Marie Carpentier contre M. Abel Hermant. Les juges prononçaient 200 francs de dommages-intérêts, soit avec les décimes, 5 francs de droits proportionnels ; mais le dispositif du jugement contenait plusieurs alinéas, dont chacun coûtait 7 fr. 50 ; en voici la série :

« Le Tribunal,

» Dit que c'est à tort et sans droit que Hermant a fait figurer le nom de » Marie Carpentier dans son roman *la Surintendante* ; (coût : 7 fr. 50) » Lui donne acte de sa déclaration de supprimer ce nom dans les » publications ultérieures ; (coût : 7 fr. 50) » Dit qu'il n'y a lieu d'ordonner d'autres suppressions ; (coût : 7 fr. 50)

» Ordonne l'insèrtion du présent jugement à la première page du
» *Gil Blas* dans le prochain numéro ; (coût : 7 fr. 50)
» Dit qu'il n'y a lieu à d'autres insertions. (coût : 7 fr. 50)

En tout 37 fr. 50 de droits fixes contre 5 francs de droit proportionnel.

Tel est le tableau fort abrégé, fort incomplet, des abus, des iniquités, des excentricités onéreuses, auxquels cent cinq de mes collègues et moi nous demandions de mettre un terme par notre proposition du 27 janvier 1891. Si nous avions pu la faire adopter en son entier, toutes ces iniquités auraient disparu d'un seul coup ; mais nous en avons aboli un bon nombre, et c'est bien quelque chose.

Voici notre projet dans toute sa simplicité :

Je supprimais cette interminable série de droits fixes qui, se super-posant les uns aux autres durant tout le cours de l'instance, frappaient tous les actes de procédure d'une charge d'autant plus lourde que le procès était plus modeste, et je les remplaçais par une taxe unique, exigible sur le jugement ou sur l'acte final de la procédure, taxe proportionnelle aux intérêts en litige.

Depuis l'acte introductif de l'instance jusqu'à la décision, tous les droits de greffe, de timbre et d'enregistrement disparaissaient ; le droit fixe n'était plus applicable qu'aux causes qui, par leur nature, ne permettaient pas d'établir un droit proportionnel, faute d'une valeur appréciable en chiffres qui pût servir de base à cette perception.

Un haut fonctionnaire de l'Enregistrement, M. Besson, commente ainsi mes propositions dans un ouvrage spécial :

« A supposer que l'expérience réclamée par M. Brisson eût l'inconvénient, selon nous assez minime, de sortir des sentiers battus et de mettre en échec les principes surannés de l'an VII, nous devons tout au moins reconnaître qu'elle tendait à introduire dans la perception de l'impôt judiciaire plus de clarté et plus de justice sans demander au Trésor le moindre sacrifice. En remplacement du produit des droits fixes supprimés, ce projet apportait au budget une recette pour le moins équivalente. Ce n'était pas une loi de dégrèvement, mais une loi de péréquation que l'honorable député proposait à la sanction du Parlement. Transformer les taxes parasites et multiformes qui encombrent l'accès du prétoire en une redevance unique toujours proportionnée à l'importance du litige; faire payer aux grosses affaires la rançon des allègements accordés aux petites,

tel était l'objectif de la réforme. Et cette conception éminemment démocratique, la proposition la réalisait intégralement puisque, d'après les
statistiques produites à l'appui, la part du droit proportionnel qui, jusqu'alors, n'avait été que de 3.600.000 francs était portée à 38 millions,
tandis que le droit fixe reculait de 36 millions à 3 millions et demi ».

Pourquoi M. Besson n'était-il pas en 1891 Directeur général de l'Enregistrement ? La belle trouée que nous aurions faite! Ajoutons qu'en
désintéressant le Trésor des perceptions faites sur chacun des gourmands
de la végétation procédurière, nous aurions coupé la forêt par le pied,
c'est-à-dire rendu plus facile encore la suppression des actes eux-mêmes,
la réforme du Code de procédure.

Mais reprenons notre historique :

Plus de cent de mes collègues, ai-je dit, avaient bien voulu signer la
proposition avec moi ; malgré ce solide appui, mon expérience parlementaire me faisait redouter de ne pas « aboutir » promptement ; je
demandai donc à la Commission d'initiative de réclamer le renvoi du projet à la Commission du budget et, sur un rapport remarqué de M. Louis
Jourdan en date du 12 mars 1891, ce renvoi fut ordonné; ce devait être
bien du temps de gagné; j'entrai moi-même à la Commission du budget
pour y défendre mon projet de réforme.

Il a été dit, à ce propos, et à propos d'autres questions, qu'il ne faut pas
faire de réforme par voie budgétaire. Je n'ai pas envie de discuter la
thèse au fond ; il y a du pour et du contre : certes, on ne peut pas mettre
tout dans le budget, en alourdir la discussion et en retarder le vote par
des propositions quelconques ; ce serait peut-être attenter à la liberté des
représentants de la nation que de les obliger à délibérer dans un délai
préfixe sur des sujets graves et sans rapport avec la loi de finances ;
comment pourrait-on les y obliger d'ailleurs, puisqu'ils sont maîtres de
leur ordre du jour ? D'autre part, il paraît bien que le budget soit, pour
une démocratie en marche, de temps en temps tout au moins, l'occasion
naturelle de mettre en pratique les principes nouveaux dont elle est
animée et, pour un Parlement qui veut réellement « tenir les cordons de
la bourse », le moyen de lier au « vote des subsides » l'exécution de ses
vues générales. Que si la réforme ainsi introduite pèche par quelque
endroit, le vote annuel de la loi de finances fournit un moyen facile et
prompt de l'amender ; l'Administration en use ainsi presque chaque année
pour tel ou tel détail de la législation financière. Je crois, du reste, qu'il

faut distinguer : d'une part, les réformes à introduire dans le budget ne porteraient, sauf cas exceptionnels et urgents, que sur les matières de finances ; secondement, il faudrait qu'elles fussent très mûries dans l'opinion publique et que même les points de détail n'eussent pour ainsi dire rien de neuf pour les esprits préparés. C'est ce qui arrivait d'ailleurs pour les frais de justice. La question était mûre depuis longtemps, hélas ! elle mûrirait encore si nous ne l'avions abordée dans les budgets de 1892 et 1893. La réforme n'est d'ailleurs pas complète et il y faudra revenir quelque peu, je le confesse. Quoi qu'il en soit, dans cette année 1891, la Presse de Paris et des départements avait fait un tel accueil à notre proposition, elle nous avait prêté un concours si énergique et si efficace, les deux branches du Parlement s'y montraient tellement favorables qu'il fallait saisir l'occasion ; si nous laissions passer et la loi de finances et l'année, adieu paniers ! Vendanges ne seraient jamais faites ! Il n'en serait bientôt plus question, tandis qu'après tout nous avons fait la réforme des frais de justice ; elle aurait pu être meilleure, je veux dire plus étendue, plus générale ; je vais dire pourquoi et comment elle a été légèrement amputée ; mais elle est faite, d'autres l'ont suivie, et elle en rend d'autres encore inévitables. C'est par elle qu'on a commencé de porter la hache, dans la forêt des impôts « progressifs à rebours ».

Ce qui prouve du reste combien celle-ci était mûre, c'est qu'à peine avais-je présenté, en 1891 et en 1892, mes deux propositions de loi, que le Gouvernement les faisait suivre de deux projets analogues, offrant sinon tout à fait les mêmes solutions, du moins des solutions voisines, inspirées des mêmes principes généraux et qu'il en demandait l'incorporation à la loi de finances ; il tranchait ainsi lui-même la question.

Me voilà donc à la Commission du budget, avec ma proposition à la main ; autour de moi, une rumeur d'avoués, de notaires, d'huissiers, de fonctionnaires de l'enregistrement, les uns favorables, les autres hostiles, quelques-uns effarouchés, levant les bras au ciel. Qu'allaient devenir la société et la morale si « les actes de palais » n'étaient plus soumis à « la formalité » ! Fils d'avoué moi-même, et d'un avoué qui n'estimait la procédure que dans la mesure où ses formes protègent réellement le droit des citoyens, je n'étais pas très effaré de ces effarements ; d'ailleurs, comme je dégrevais les petits plaideurs, et notamment ceux qui sont obligés de se présenter en justice, les veuves, les mineurs, etc. je sentais bien que je tenais le bon bout ; aussi je ne l'ai pas lâché.

J'y arrivais bien tranquille, à cette Commission du budget ; mon travail de l'année était tout tracé : quelques batailles à livrer à la routine administrative ou parlementaire ; un bon petit rapport bien « documenté » ; second rapport quand l'affaire reviendrait du Sénat ; deux ou trois discours ; des horizons ouverts sur la revision du Code de procédure civile.., l'année 1891 se présentait devant moi sous les plus heureux auspices.

Bon ! La Commission du budget se réunit et voilà qu'à sa première séance, sur la proposition de mon ami M. Gerville-Réache, elle m'impose le rapport sur le budget de la Marine ; je me défendis bien, j'exposai la besogne, moins haute, mais assez ardue, dont je m'étais chargé moi-même ; rien n'y fit ; on me répondit qu'étant né à Bourges, je ne serais pas suspect de favoriser Toulon, Lorient, ou Rochefort ; je ne sus pas trouver de réplique (il n'y en avait guères) et je me laissai, outre mes Frais de justice, accabler du rapport sur la Marine.

Je sais bien que, plus tard, M. Georges Cochery, avec son obligeance accoutumée, me débarrassa de mon titre de rapporteur du budget de la Marine ; je l'ai même pour cette raison appelé à la tribune « cher héritier de mes veilles » ; mais ce ne fut que beaucoup plus tard, lorsque mon rapport, un rapport de huit cents pages, s'il vous plaît, était depuis longtemps rédigé, imprimé et distribué, ce ne fut que beaucoup plus tard, dis-je, en novembre ou décembre, que M. Cochery me rendit ce service ; on m'avait imposé le rapport en février.

C'est ainsi que je suis devenu « marin en chambre », comme m'ont baptisé non pas les officiers de vaisseau, généralement aimables, mais sans doute deux ou trois employés de la rue Royale, navigateurs accoutumés des mers de l'Obélisque.

Je passai d'abord un mois dans le plus profond désespoir.

J'adressais quotidiennement à la Direction générale de l'Enregistrement et au Ministère de la Marine des questions indiscrètes auxquelles ces deux administrations répondaient par de copieuses communications ; avec les visites, la correspondance de tous les jours, les séances de la Chambre, j'étais littéralement débordé ; des notes sur les torpilleurs ou sur les obus de perforation faisaient dans ma tête et sur ma table un bezigue chinois avec des mémoires où le fisc assurait que tout serait perdu si les actes d'avoué à avoué cessaient d'être enregistrés (ils ne le sont plus et tout va bien). Bref, je ne m'y reconnaissais plus ; les choses ne pouvaient pas durer ainsi ; je louai une maison à Montmorency ; je mis la Marine et l'Enregistrement dans leurs meubles respectifs, et chacun dans une pièce séparée ; je consacrai à la flotte les lundi, mardi et mercredi ; le jeudi, le vendredi et le samedi aux frais de justice ; je donnai ainsi à mon travail une stabilité que le *Magenta* aurait pu m'emprunter ; les deux compartiments étaient absolument étanches. Que les visiteurs de terre et de mer qui sont venus m'y aider de leurs lumières reçoivent ici mes remerciements !

Le dimanche était consacré aux promenades dans la forêt ; les beautés en sont connues ; peu de promeneurs cependant sont familiarisés avec une certaine contre-allée qui longe la route du fort de Montmorency au fort de Domont ; l'on y jouit des plus délicieuses perspectives sur les hauteurs de Saint-Prix et sur la gorge qu'il faut franchir avant d'y arriver (1). Que de fois, en ma jeunesse, j'avais parcouru cette vallée où vivait encore le souvenir de ce pauvre Jean-Jacques aujourd'hui si délaissé ! J'avais alors sous le bras ou l'*Emile* ou les *Confessions* et maintenant je m'asseyais au pied des mêmes arbres pour y annoter des états de frais et y démêler la part du Fisc.

Cette bucolique était d'ailleurs fortement troublée par les résistances que m'opposait l'Administration.

J'avais à lutter contre deux objections principales :

Ma proposition dispensait de « la formalité » de l'enregistrement ces innombrables actes de procédure, constitutions d'avoué, mises au rôle, avenirs, sommations de communiquer, conclusions grossoyées, etc., qu'on appelle les « actes de palais » ; or, l'Enregistrement ou du moins ses représentants d'alors, prétendaient que, pour toute cette broussaille, « la formalité » était également indispensable, qu'un examen minutieux de ces actes par ses agents était nécessaire pour la découverte des fraudes et des dissimulations ou omissions commises par les plaideurs soit dans les instances même, soit dans d'autres actes ; des « renvois » (2) fréquents, disait-on, étaient la suite de ces investigations minutieuses dont les actes de palais, les actes d'avoué à avoué, étaient l'objet, dans les bureaux où on les enregistrait, soit de la part des receveurs eux-mêmes, soit postérieurement

(1) Une société de chasseurs que je maudis a fermé récemment d'un grillage cette promenade exquise. Puissent-ils rentrer toujours bredouilles !

(2) On appelle *renvoi* la note par laquelle un receveur signale et renvoie à un collègue d'un autre bureau tel ou tel acte plus ou moins suspect.

de la part des inspecteurs. Je savais bien qu'il n'en était rien ; mais comment faire passer ma certitude dans l'esprit des membres de la Commission du budget ? Ma tâche était d'autant plus difficile que le Directeur général de l'Enregistrement était de la meilleure foi du monde ; il avait toute sa vie appartenu à l'administration centrale et ne connaissait pas cette besogne de détail dont pas un clerc d'huissier ou d'avoué n'ignorait la complète inutilité. Il résistait, par pur instinct fiscal, instinct louable dans une certaine mesure, à l'abolition d'une formalité féconde en perceptions productives pour le Trésor. Comment le détromper et de quelle façon convaincre les collègues dont l'assentiment m'était indispensable ? Une réforme aussi juste allait-elle échouer devant un tel enfantillage ? Voici comment je m'y pris. Je savais à quelle heure avait lieu, au Palais de Justice, dans le premier bureau, l'enregistrement des actes dont il s'agissait ; un jour, je prolongeai la discussion sur ce point jusque vers 3 heures et proposai brusquement à la Commission de se rendre au Palais, lui promettant un spectacle qui trancherait souverainement la question ; la proposition fut acceptée.

Nous voilà donc en fiacre, M. Casimir-Périer, président de la Commission du budget, le rapporteur général, deux ou trois autres personnages consulaires, M. le Directeur général de l'Enregistrement, et moi ; nous descendons devant l'Horloge ; nous montons l'escalier au dessus de la 1re chambre du Tribunal ; je pousse la porte du bureau ; le receveur ne connaissait aucun de nous, je lui dis en trois mots que nous sommes membres de la Commission du budget et ce que nous venons voir. Juste, on venait d'apporter la pile des actes de palais ; elle me montait au menton ; quelques clercs attardés en présentaient encore au guichet. Déjà, un jeune garçon s'emparait de ce tas de feuilles de papier timbré et, rapidement, les frappait l'une après l'autre d'un timbre humide mentionnant « la formalité », la précieuse formalité, la sainte formalité ; pas une ne demeurait plus de dix secondes entre ses doigts ; il fallait que le tout fût rendu à 5 heures, et il était 4 heures un quart ! Certes, l'éphèbe employé à cette besogne délicate aurait pu être avantageusement remplacé par la vapeur, par l'électricité, par l'air comprimé, par une force aveugle quelconque ; on n'y eût pas manqué dans une usine de l'industrie privée. Le tas apporté diminuait à vue d'œil et peu à peu s'élevait celui des feuilles revêtues de l'enregistrement. Le receveur nous regardait regardant. Quand nous eûmes bien regardé pendant un quart d'heure, j'osai lui poser, en rougissant, une question que je n'aurais certes pas hasardée s'il m'avait connu ou s'il avait su seulement que j'étais de basoche : « Monsieur le Receveur, fis-je, combien fait-on de découvertes ou de renvois par mois par suite de l'examen des actes d'avoué à avoué, examen auquel nous venons d'assister ? » Un pêcheur de Marseille auquel j'aurais dit, en lui montrant un turbot : « Combien voulez-vous de cette anguille? » ne m'aurait pas jeté un regard plus convaincu de mon ignorance et de ma stupidité ; faisant toutefois un effort pour ne pas éclater de rire, le receveur me répondit : « Pas une, Monsieur, pas un ! en dix ans ».

La cause était entendue ; la « formalité » avait vécu ! La *Gironde*, sous les traits de M. Monis, essaya bien de la repêcher au Sénat, par deux fois même ; mais la pauvrette avait trop de plomb dans l'aile pour supporter trois voyages du Luxembourg au Palais-Bourbon, celui du Palais de Justice avait suffi ; les actes d'avoué à avoué ne sont plus enregistrés ! *Lugete!...*

La seconde objection n'était pas plus grave, suivant moi ; seulement, elle reposait sur une hypothèse ; je ne pouvais pas la ramener à un fait concret et visible ; je n'ai pas pu la vaincre, ou du moins je n'en ai triomphé qu'à moitié ; les droits fixes demeurent ; ils sont moins nombreux, moins variés, moins élevés, ils se perçoivent sur un moindre nombre d'actes, mais ils subsistent ; c'est trop.

L'Administration disait :

Dans le système actuel, l'impôt judiciaire se paie en partie au début et au cours de l'instance, autrement dit par à-comptes ; le Fisc est donc assuré de certaines perceptions, quel que soit le sort du procès, que les plaideurs se découragent et s'accordent, ou qu'ils continuent de se gourmer. M. Brisson, lui, après avoir pris un droit insignifiant sur l'exploit introductif, ajourne toute perception jusqu'au jugement ; ne voyez-vous pas que, dans les gros procès au moins, les plaideurs, avant d'en arriver là, se déroberont à l'impôt par une transaction et qu'ainsi le Trésor, dépouillé des droits fixes par la loi nouvelle, se trouvera frustré en fait de la taxe de remplacement ?

De là un déficit que l'Administration ne chiffrait pas à moins de 5 ou 6 millions.

L'objection n'était pas sans réplique.

Philosophiquement parlant, est-ce que c'eût été payer trop cher que de donner 5 à 6 millions pour voir substituer à des décisions impératives, qui laissent toujours un grain de révolte dans les esprits, des accords volontaires entre les citoyens ? Une loi qui aurait fait de la propagande en faveur des transactions eût-elle donc été une si mauvaise loi ?

J'admets toutefois que le Fisc ne pût se payer de cette philosophie. On pouvait le rassurer. « Encore si vous établissiez une consignation préalable ! » avait dit devant la Commission du budget un représentant de l'Administration ; je le pris au mot et, dans mon rapport du 18 juillet 1891, je concluais à l'établissement de cette provision. La Commission adoptait d'ailleurs, sauf d'utiles améliorations de détail suggérées par mes collègues, toutes mes propositions du 26 janvier. Encore un effort et les droits fixes de timbre, de greffe et d'enregistrement, ces impôts iniques qui pesaient si lourdement sur le plaideur pauvre et frappaient si légèrement les litiges importants, ces impôts insensés qui écrasaient les affaires déjà malheureuses, les propriétés obérées, les débiteurs ruinés et les créanciers frustrés, ces impôts néfastes, onéreux non seulement aux plaideurs volontaires, mais encore, mais surtout aux plaideurs involontaires, aux incapables, obligés de paraître en justice et qui payaient si cher la protection de la loi qu'ils en paraissaient plutôt les victimes fiscales, ces droits fixes allaient disparaître pour faire place à une taxe équitablement répartie !

Malheureusement, nous arrivions aux vacances et le budget ne pouvait plus être discuté que dans la session d'automne. L'effet produit sur la Chambre par la visite au Palais de Justice et par l'idée nouvelle de la consignation préalable, cet effet allait s'atténuer.

Ce délai fut toutefois bien employé par les partisans de la réforme. La Presse qui, je l'ai dit, avait accueilli la proposition avec faveur, redoublait d'énergie. Elle mettait en lumière la choquante improportionnalité des droits fixes ; elle insistait avec force sur les abus révélés dans l'Exposé des motifs et le Rapport ; elle rapprochait telle procédure en justice de paix qui avait coûté 25 fr. 90 pour arriver au paiement d'une somme de 60 francs, telle autre instance devant le Tribunal de commerce où, pour un effet impayé de 125 francs, il avait été soldé au fisc 40 fr. 20, elle rapprochait ces résultats obtenus devant les tribunaux les moins coûteux, de tel gros procès où la part du Trésor était descendue jusqu'à moins de 1 pour cent des valeurs engagées au litige. Ces monstruosités étaient appuyées de documents incontestables, de chiffres empruntés à des statistiques officielles. Les journaux de tous les partis menaient la même campagne avec la même ardeur et mettaient le Gouvernement en demeure de faire cesser ces inégalités violentes par une prompte réforme, orientée dans le sens d'une répartition plus équitable des 40 millions d'impôt perçus sur les procédures. Il devenait certain que la loi de finances de l'exercice 1892 ne serait pas votée sans la réforme des frais de justice.

Aussi le Gouvernement se décidait-il à déposer un projet le 14 novembre 1891.

Ce projet consacrait le principe de la proportionnalité de l'impôt judiciaire à la valeur du litige ; il dégrevait les petites procédures, entre autres les instances en justice de paix, les ordres, les distributions, les ventes judiciaires, et reportait le fardeau sur les procès importants. Le Gouvernement renonçait à tous les droits de greffe, au timbre des expéditions à délivrer par les greffiers des juges de paix et par les secrétaires des conseils de prudhommes, aux droits fixes établis sur les dispositions indépendantes des jugements, à l'enregistrement et au timbre des actes de palais et des actes concernant les faillites ou les liquidations judiciaires. Malheureusement, il maintenait, en les réduisant, la plupart des droits fixes sur les actes judiciaires intervenant au cours des procédures, sur les ordonnances, sur les jugements d'avant faire droit et sur les significations aux parties. Malheureusement encore, au lieu de la taxe spéciale si facile à percevoir que je proposais d'asseoir sur la valeur des biens faisant l'objet du litige, l'Administration tendait à reprendre comme base de la perception des nouvelles taxes proportionnelles, l'ancien droit de condamnation et de liquidation, source d'éternelles difficultés entre l'Administration et les contribuables. Vous verrez, dans le commentaire de MM. Fravaton et Desribes, combien ces vieux droits ont nécessité de décisions administratives et judiciaires qui auraient été évitées si ma première proposition avait été adoptée.

Le projet du Gouvernement n'avait donc, je crois pouvoir le dire, ni l'ampleur, ni l'unité des nôtres. C'était une transaction. Il constituait pourtant une sérieuse réforme dans le sens de l'équité. Il présentait d'autres avantages.

Ma proposition supprimant tous les droits fixes et leur substituant, à la clôture de l'instance, une perception suffisante pour qu'il n'en résultât aucune perte pour le Trésor, la taxe de remplacement que j'établissais sur les jugements était nécessairement assez élevée ; les représentants des gros plaideurs et notamment les avoués de Paris s'étaient plaints. Chose singu-

lière, on avait laissé subsister, durant près d'un siècle, des droits qui
frappaient les petites affaires dans la proportion de 8, de 10, de 12, de 20,
de 137 pour cent ; mais lorsqu'il s'agit de frapper les grosses affaires d'un
droit de 3 pour cent, l'on calcula qu'un litige de un million pourrait payer
30.000 francs, et ce taux parut intolérable ! Le projet du Gouvernement
réduisait donc à 2 pour cent au maximum (sauf les dommages-intérêts) la
taxe de remplacement ; pour en arriver là, le Trésor consentait, sur les
frais de justice, un dégrèvement, une perte de 3.500.000 francs. C'était
l'habileté du projet qui, en même temps, rendait inutile la consignation
préalable.

Fallait-il priver de cet allègement l'ensemble des plaideurs malheureux ?
Telle est la question que j'eus tout d'abord à me poser.

Ajoutez que le Gouvernement renonçait au timbre et à la « formalité »
sur les actes d'avoué à avoué, c'est-à-dire sur ceux qui avaient fait l'objet
de notre visite au Palais de Justice. C'était une grande victoire au point de
vue des principes ; l'intérêt fiscal ne s'opposerait plus désormais à la suppression de ces actes eux-mêmes ; la réforme du Code de procédure civile
était facilitée d'autant ; pouvions-nous oublier que c'était là l'une des raisons de notre proposition ?

Le Gouvernement, d'ailleurs, était bien résolu à ne pas dépasser la limite
des concessions déjà faites par lui. Dans ces limites, il nous offrait son concours ; il nous le refusait au delà. Maintenir la proposition primitive,
c'était avoir le Gouvernement pour adversaire au lieu de l'avoir pour allié ;
c'était la certitude de voir « disjoindre » la réforme du budget, c'est-à-dire
l'ajourner indéfiniment ; c'était renoncer au dégrèvement offert.

D'ailleurs, cette première victoire du principe de la proportionnalité,
cette première et sérieuse atteinte portée aux droits fixes ne pouvait
manquer de produire ses conséquences dans toute la législation de l'Enregistrement ; elle devait être la préface de plusieurs autres réformes pour
lesquelles le Gouvernement nous promettait encore son concours ; et, en
effet, l'année suivante, dans la loi de finances de 1893, sur une nouvelle
proposition, j'obtenais une nouvelle hécatombe de droits fixes, une plus
équitable répartition de cette partie de nos charges fiscales, un dégrèvement considérable des différentes procédures exclues du bénéfice de
la première loi. Que de raisons pour transiger ?

Que si j'avais envie de bataille, le terrain ne me faisait pas défaut ;
l'administration de la Marine, elle, résistait sur tous les points ; je trouvais

là de quoi donner carrière à mes instincts de combativité ; franchement je
ne pouvais, à moi tout seul, faire la guerre à la fois sur terre et sur
mer. Je proposai donc à la Commission du budget d'adopter purement et
simplement le projet du Ministre des finances sur les frais de justice
et, le 21 novembre, je déposai un rapport concluant à l'adoption du
projet déposé le 14.

Nous voilà devant la Chambre.

Je devais y subir le désagrément de trouver en face de moi mes propositions primitives reprises par quelques-uns de nos collègues ; c'était
indiqué ; mais il fallait demeurer fidèle au contrat passé devant la Commission du budget entre l'Administration et les auteurs de la proposition ; je
n'y manquai point et m'en dédommageai d'ailleurs en exprimant avec le
plus de force que je pus les regrets que m'inspirait la timidité de l'Administration :

« Monsieur le Directeur général », disais-je dans la séance du 14 décembre, « Monsieur le Directeur général, je reconnais que vous êtes monté
» dans le train (*Rires*) ; mais laissez-moi vous dire que ce n'était pas suffi-
» sant : il fallait monter sur la machine (*Nouveaux Rires*), avec M. le Minis-
» tre des finances, qui n'aurait pas mieux demandé, si vous l'aviez rassuré,
» et avec moi, si vous l'aviez bien voulu.

» Nous aurions fait force vapeur et nous aurions passé sur le ventre aux
» préjugés, à la routine, et aux conclusions grossoyées ! (*Très bien ! très bien !*)
» sans doute, il serait resté derrière nous quelques débris sanglants des
» lois de frimaire, de brumaire, de nivôse ! (*Rires*). Eh bien ! Qu'est-ce que
» vous voulez ? Ce calendrier révolutionnaire est habitué aux grandes
» audaces et aux illustres sacrifices (*Hilarité*) ; le lendemain, vous vous
» seriez trouvé, comme nous-mêmes, armé d'une réponse victorieuse à
» toutes les objections.

» Lorsqu'on serait venu nous dire ce que nous ont dit les avoués dans
» leurs mémoires : Mais voyez donc quel impôt énorme et nouveau vous
» allez percevoir sur une vente de 500.000 francs, de 1 million ! nous
» aurions répondu : Oui, mais ce sera 1 pour 100 pour tout le monde : le
» riche payera 1 p. 100, et le pauvre 1 p. 100 (*Applaudissements*) ; car alors
» nous aurions été certains de cette proportionnalité. Ayant supprimé tous
» les droits fixes sur tous les actes de procédure, n'ayant à calculer que le
» droit proportionnel, lorsqu'on nous aurait dit : vous allez faire payer

» 12.500 francs sur telle grosse vente qui, aujourd'hui, paierait beaucoup
» moins, nous aurions pu répondre : c'est possible, mais ce sera la même
» proportion que pour tel autre petit vendeur.

» Vous ne l'avez pas voulu et à l'heure qu'il est vous êtes engagé dans
» un dédale de difficultés incessantes, dans des calculs délicats.

» Cependant, je dois dire à la Chambre que vous avez fait passer sous
» nos yeux, au moins pour un certain nombre de petites ventes et de petits
» partages, des états de frais extrêmement concluants et montrant le dégrè-
» vement que réalise votre projet sur ces petites ventes et ces petits partages.
» Aussi je me demande si nous ne sommes pas là au nœud de la question,
» si nous ne sommes pas arrêtés purement et simplement par l'opposition
» de ceux qu'effraie la répartition plus équitable des frais de justice, et si
» l'on n'essaie pas de porter atteinte à ce principe général de notre propo-
» sition, moins général depuis qu'on y a réintroduit tant de droits fixes,
» mais cependant dominant encore et qui est de faire payer aux gros plai-
» deurs, aux gros litiges, aux grosses ventes et aux gros partages la
» rançon des petits plaideurs, des petits litiges, des petites ventes et
» des petits partages (*Dénégations à droite. — Vive approbation à gauche*).

» ... Dans la proportionnalité établie par la proposition primitive et par
» la proposition de la Commission du budget, nous avions, je le répète,
» réponse à tout, parce que, nos calculs étant très simples, débarrassés de
» l'élément des droits fixes, leur proportionnalité, leur équité, éclatait à
» tous les yeux, et n'était diminuée par aucune disposition secondaire
» (*Très bien! très bien!*)

» ... Ce qui a déterminé la Commission du budget, c'est la production
» d'états de frais dont M. le Directeur général nous a donné lecture il y a
» un instant : dans certains cas, pour les petites ventes, les petites liqui-
» dations, les frais sont diminués, même dans son projet, de moitié.

» La Commission, pour ces raisons, a donné son adhésion au projet du
» Gouvernement ; il lui semble que les objections soulevées aujourd'hui
» doivent venir précisément, sans que nos collègues s'en rendent bien
» compte, de l'opposition qui s'est produite, dans certains milieux, au
» principe même du projet. (*Marques de dénégation sur divers bancs à droite.*
» *— Approbation à gauche*). Je parle de certains milieux d'affaires. On a
craint de frapper les uns pour dégrever les autres. Or, c'était là une
» conséquence inévitable du principe de la loi ; il fallait bien, pour réta-
» blir la justice, puisqu'on ne pouvait faire un pur dégrèvement, reporter

» sur les gros litiges la charge enlevée aux petits. (*Très bien ! très bien !*
» *et applaudissements à gauche*) ».

Ce pathétique appel à la suppression complète des droits fixes ne fut pas
entendu de l'Administration. Si je l'ai reproduit, ce n'est pas pour imposer
aux lecteurs de MM. Fravaton et Desribes ce trop long passage des trop nombreux discours que j'ai prononcés à cette occasion, mais parce qu'il montre
bien pourquoi j'avais adhéré au projet du Gouvernement et le péril qu'il y
aurait eu à le combattre ; il fait voir aussi, indépendamment des deux
objections qu'avait publiquement rencontrées ma proposition primitive,
objections que j'ai exposées plus haut, il fait voir une des raisons secrètes
de l'opposition fondamentale qui m'attendait, qui avait déjà dénaturé la
réforme complète tout d'abord proposée, et qui la dénaturerait davantage
encore avant le vote définitif par les deux Chambres.

L'amendement que je combattais dans le discours dont je viens de donner un extrait avait pour objet un abaissement du tarif de la taxe de remplacement des droits fixes. Ainsi que je l'ai déjà fait remarquer, mon projet de réforme n'était pas un dégrèvement, c'était une péréquation ; c'était
le remplacement d'un impôt progressif à rebours par une taxe proportionnelle. Si j'eusse proposé un dégrèvement, j'aurais été écarté par cette
objection péremptoire que l'état de nos finances ne le permettait point et
la réforme des frais de justice (en tant que perceptions du Trésor) figure-
rait encore à l'état de projet dans ces documents consciencieux que dresse
deux fois par an notre aimable secrétaire général, M. Pierre, et qui sont
comme le palmarès des députés laborieux ; mais ma réforme « se suffisait
à elle-même », comme on dit, sans coûter un centime au Trésor, et l'on
n'avait pu ni la rejeter sommairement, ni même l'éliminer de la loi de finances. Forcément et par définition, ma péréquation grevait les grosses affaires
pour dégrever les petites. Etait-ce une conséquence de cette conséquence
première ? Je ne sais, mais, par une sorte de logique secrète, de pente
irrésistible, où se révèle la force de ceux que Savonarole appelait « les
gras », au fur et à mesure que cette surcharge imposée aux gros plaideurs
apparaissait, on tendait de plus en plus à transformer mon projet en un
dégrèvement. Je ne m'en plains pas, je constate ; on en arrivait à plain-
dre les plaideurs plus que moi ; afin de les dégrever, l'Administration
s'adressait successivement aux héritages entre conjoints, aux droits gradués,
aux bicyclistes, aux boursiers, en essayant de combler ainsi le déficit créé

par elle-même sous certaines influences ; je prie instamment ces divers contribuables de ne pas m'en vouloir, mais les justiciables n'en sont pas moins dégrevés.

Quoi qu'il en soit, la réforme était définitivement votée par la Chambre le 15 décembre, et la loi de finances qui la contenait portée le 16 au Sénat.

Le 24, l'honorable M. Boulanger faisait, au nom de la Commission des finances, un rapport devant la seconde Chambre ; il y disait :

« L'incorporation de la proposition dans le budget et le dépôt tout » récent du projet du Gouvernement placent le Sénat dans l'alternative » d'en accélérer l'examen ou de retarder une réforme à laquelle l'opi- » nion s'est montrée unanimement favorable ».

Et plus loin :

« La majorité de la Commission a repoussé la plupart des taxes de rem » placement... ».

Et enfin :

« La Commission des finances ne peut que proposer au Sénat de ne point » introduire dans la loi de finances le projet voté par la Chambre. Elle lui » demande d'en ajourner l'examen afin que la Commission recherche, de » concert avec le Gouvernement, s'il n'est véritablement pas possible de » trouver, dans la matière dont le Sénat est saisi, les ressources nécessaires » à la réalisation de la réforme que la majorité de la Commission aurait » l'ambition de faire plus large et plus complète pour les justiciables » que le projet de la Chambre ».

L'ajournement se comprenait dans le système de la Commission des finances du Sénat, puisqu'elle adoptait tous les dégrèvements votés et repoussait les taxes de compensation, créant ainsi un déficit de 15 millions dans le budget.

Soit que la Chambre des députés eût des « ambitions » moins hautes que la Commission des finances du Sénat, soit qu'elle s'en tînt au dicton : « Un tiens vaut mieux que deux tu auras », elle vota un douzième provi- soire afin de donner le temps à cette Commission de faire les « recherches » annoncées et, le 7 janvier 1892, l'honorable M. Trarieux déposait sur le bureau du Sénat un rapport sur la réforme. Il en changeait considéra- blement le caractère. Il rétablissait l'enregistrement des actes d'avoué à avoué et le droit de timbre des expéditions en justice de paix. Il modifiait complètement la nature de la taxe de remplacement, taxe toute spéciale qui devait être proportionnée aux valeurs soit mobilières, soit immobilières, objet du litige, et rétablissait en somme l'ancien droit de condamnation et de liquidation assis exclusivement sur les valeurs mobilières. Enfin, et en vertu de la pente irrésistible que j'ai tenté de décrire, il abaissait encore le taux des droits proportionnels votés par la Chambre sur la proposition du Gouvernement.

Combien il me gêna, le rapport de l'honorable et regretté M. Trarieux ! Il ne faut pas oublier que j'étais, ou du moins que j'avais été, durant près d'une année, rapporteur du budget de la Marine, que j'avais écrit un rapport de huit cents pages et prononcé un discours qui avait pris toute une séance ! Il m'en était resté un désir malade de voir l'escadre d'évolutions à Toulon, ou plus exactement à Villefranche, qui est un lieu beaucoup plus agréable ; j'étais donc parti pour la côte d'azur ; j'y avais découvert, entre l'anse de Beaulieu et le rocher de Monaco, aux Caps-Fleuris, un gîte délicieux, aujourd'hui fermé, hélas ! et j'y goûtais, entre ma table de travail et des paysages enivrants, ce demi-repos semé de promenades qui est la joie passagère et profonde des hommes condamnés à nos luttes ; n'avais-je pas le droit de supposer, moi qui avais adopté tout de go, tel quel, et défendu devant la Chambre le projet de l'Administration sans y ajouter un iota, sans y retrancher une virgule, ne pouvais-je pas espérer que mes amis du Sénat ne se montreraient pas plus intransigeants que moi ? Or, un jour qu'assis à l'ombre d'un rocher je regardais passer au loin la *Dévastation*, le *Formidable* et l'*Amiral-Baudin*, dans une lumière éblouissante, voilà qu'on me remet un télégramme. Dieux immortels ! La « formalité », la hideuse **for-ma-li-té**, que je croyais avoir mise à mort dans notre fameuse descente au Palais de Justice, la « formalité » avait trouvé un vengeur ! Adieu Neptune ! adieu bois d'orangers et de citronniers du pont Saint-Laurent ! adieu vieux oliviers gris à travers lesquels je contemplais le ciel bleu ! adieu l'*Asti spumante* de la trattoria Garibaldi ! adieu paysages sévères de Laghet ! adieu douaniers du cap d'Ail ! adieu tout ce qui faisait la joie de vivre ! il fallait retourner livrer bataille aux conclusions grossoyées !

En effet, malgré d'excellents discours de M. Régismanset, ancien avoué, qui connaissait bien la question, et de plusieurs autres sénateurs, M. Jean Dupuy notamment, l'enregistrement des actes d'avoué à avoué avait été maintenu.

Plus la proposition primitive était modifiée dans un sens moins démocratiqué, plus on s'éloignait de la taxe proportionnelle unique, plus s'accentuait le caractère de dégrèvement donné au projet pour la raison que j'ai dite : ma réforme était une simple péréquation ; le Gouvernement y avait ajouté un dégrèvement de 3 millions et demi ; le vote du Sénat, lui, créait un déficit de 6 millions et plus dans l'impôt judiciaire.

Le projet rapporté par M. Trarieux fut d'ailleurs voté au Sénat presque sans modifications.

Nous ne pouvions pas l'accepter tel quel ; le 21 janvier, le rapporteur général du budget concluait ainsi devant la Chambre :

« Nous vous proposons de reprendre la disposition qui supprimait pour
» les actes de procédure d'avoué à avoué la formalité de l'enregistrement.
» Nous ne voyons pas seulement dans cette mesure la suppression des
» droits fixes. Nous pensons qu'elle est conforme au principe même, qui a
» dicté la préparation du projet de loi et qu'elle contribuera puissamment
» à faciliter la réforme du Code de procédure en supprimant l'un des obs-
» tacles fiscaux les plus sérieux parmi ceux qui l'ont entravée jusqu'ici et
» qui pourraient l'entraver encore dans l'avenir.
» Nous vous demandons de même de rétablir le dégrèvement du timbre
» pour les expéditions de jugements de justice de paix. Ce qui nous y
» détermine, c'est qu'il s'agit d'un droit fixe pesant généralement sur les
» petites procédures et sur les contribuables peu aisés ».

Nous adoptions d'ailleurs plusieurs des modifications votées par le Sénat. Le tout aboutissait à une décharge de 7 millions environ en faveur des justiciables et à la substitution de 10 millions de droits proportionnels aux 10 millions de droits fixes, pesant indistinctement sur les gros et les petits litiges, grevant beaucoup plus ces derniers par conséquent.

Le 23 janvier enfin, la suppression de la formalité pour les actes de palais et du timbre pour les expéditions des actes des justices de paix était adoptée d'accord par les deux Chambres et la mise en vigueur de la loi fixée, suivant le désir du Sénat, au 1er juillet 1892.

La loi du 26 janvier 1892, ainsi votée juste un an après le dépôt de ma proposition, contient un certain nombre de réformes sérieuses et dont voici les principales :

1° Les droits de greffe sont supprimés ; on sait qu'ils se superposaient aux droits de timbre et d'enregistrement dont ils aggravaient ainsi l'improportionnalité ; de ce chef, plus de 5 millions de droits fixes ont à jamais disparu.

2° Toutes les significations d'avoué à avoué sont exemptées non seulement des droits de timbre et d'enregistrement, mais encore de « la formalité » elle-même ; le jour où viendra en discussion la réforme du Code de procédure civile, si bien préparée par l'excellent rapport de M. Dupuy-Dutemps, les Chambres ne seront plus arrêtées par des considérations fiscales pour supprimer la signification des constitutions, défenses, réponses et conclusions.

3° Bénéficient de la même double exemption les actes rédigés en exécution des lois relatives aux faillites et liquidations judiciaires, actes dont l'Instruction n° 2816, du 31 mai 1892, donne l'énumération suivante :

Les déclarations de cessation de paiements, les bilans, les dépôts de bilans, les affiches et certificats d'insertion relatifs à la déclaration de faillite ou aux convocations de créanciers, les actes de dépôt des inventaires, des transactions et autres actes ; les procès-verbaux d'assemblées, de dires, d'observations et délibérations de créanciers ; les états des créances présumées ; les actes de produit; les requêtes adressées au juge commissaire, les ordonnances et décisions de ce magistrat ; les rapports et comptes des syndics ; les états de répartition ; les procès-verbaux de vérification et d'affirmation des créances ; concordats ou atermoiements.

4° Le Bulletin n° 2 du Casier judiciaire est dispensé du timbre ; les droits d'enregistrement sont réduits à 25 centimes, décimes compris ; soit un abaissement de 2 fr. 25 sur un acte plus spécialement demandé aux ouvriers et aux petits employés.

5° Les procédures en justice de paix sont considérablement dégrevées ; le coût des exploits est ramené de 2 fr. 82 à 1 fr. 25 ; les jugements sont assujettis à un minimum de 1 franc au lieu de 1 fr. 88, et enfin la charge la plus lourde, le timbre de l'expédition qui dépassait souvent 5 fr. 40, est entièrement supprimée. Un petit procès, qui coûtait environ 18 francs de droits payés au Trésor est dégrevé de plus de 9 francs, c'est-à-dire de plus de moitié.

6° L'exemption du timbre de l'expédition profite encore à tous les actes rédigés par les juges de paix et surtout à la procédure si intéressante des conseils de famille ; l'article 12 étend la gratuité complète établie par la loi du 10 décembre 1850 aux avis de parents des mineurs ou des interdits indigents.

7° Outre la suppression des droits de greffe, les articles 7, 8, 9, 11, 13 et 14 édictent des dégrèvements très appréciables dans les instances et procédures suivies devant les tribunaux de première instance, et devant les cours d'appel ; les tarifs des exploits des huissiers sont réduits d'un tiers. Certains actes usités dans les ordres et contributions sont dégrevés tout à la fois des droits de timbre et d'enregistrement. Le taux du droit minimum de condamnation est abaissé. L'onéreuse et absurde règle de la pluralité des droits fixes disparaît. Il est prescrit de mettre un plus grand nombre de lettres et de syllabes dans les rôles d'expédition, ce qui diminue les frais de timbre.

8° Enfin, les droits nouvellement établis présentent une telle simplicité, sont d'une application tellement facile qu'aujourd'hui, après douze années de mise en vigueur, les 22 articles de la loi du 26 janvier 1892 n'ont donné lieu qu'à un très petit nombre d'instances devant les tribunaux, tandis que les procès suscités par les autres lois sur le timbre et l'enregistrement sont innombrables. Encore doit-on ajouter que ces instances ont presque toutes pour cause le droit de condamnation et de liquidation maintenu bien malgré nous comme base des nouveaux droits proportionnels.

En résumé, les avantages de cette loi sont les suivants :

Suppression d'un grand nombre de formalités ; — pertes de temps évitées ; — la réforme de la procédure elle-même facilitée ;

Dégrèvements considérables, que nous chiffrons plus loin (1).

Simplification de la perception ; par suite, suppression des taxations arbitraires et des conflits entre les contribuables et le Fisc.

II

J'ai dit nettement pourquoi malgré tous ces progrès, les abus supprimés, les dégrèvements obtenus, les simplifications réalisées, je trouvais insuffisantes les réformes inscrites dans la loi du 26 janvier 1892. Aussi, dès le 11 avril suivant, déposais-je, d'accord avec M. Dupuy-Dutemps, une proposition comportant la suppression de tous les droits fixes d'enregistrement et leur remplacement par des droits proportionnels.

Nous proposions d'appliquer à toute la matière de l'enregistrement le

____

(1) Voir page XXX.

principe qui avait dominé la réforme des frais de justice et de transformer dans un sens conforme à l'équité, toutes ces perceptions si touffues, si onéreuses, souvent si iniques. La loi du 26 janvier n'avait touché que les actes dressés au cours des instances proprement dites, c'est-à-dire entre l'exploit introductif et le jugement ; elle n'avait en rien modifié les droits perçus sur les actes relatifs à l'exécution des jugements, ni sur le nombre infini des actes civils et extrajudiciaires assujettis à un ou plusieurs droits fixes aussi onéreux qu'improportionnels. Nous signalions en outre les effets monstrueux de la règle de la pluralité dans toutes les matières où la loi du 26 janvier ne l'avait pas fait disparaître.

Après cette réforme, il était encore perçu en droits fixes :

Sur les actes civils...	9.000.000 fr.
Sur les actes judiciaires	4.000.000 fr.
Sur les actes extrajudiciaires........................	12.000.000 fr.
	25.000.000 fr.

Soit 25 millions de droits fixes. Ils pesaient sur les petits héritages échus aux mineurs d'un poids tellement lourd qu'il était presque toujours impossible de procéder régulièrement à la liquidation des successions médiocres. L'enquête agricole était pleine des plaintes provoquées par cette tarification et la Commission du budget de l'exercice 1863 en avait demandé l'abrogation ; trente années après, il n'était pas trop tôt d'y songer.

Nos propositions, adoptées par la Commission du budget et légèrement modifiées à la suite de mon rapport du 24 octobre 1892, se distinguaient je crois pouvoir le dire, par leur netteté et leur simplicité :

Les droits fixes d'enregistrement, dont les tarifs étaient si arbitraires et si variés que les receveurs eux-mêmes s'y trompaient, étaient tous supprimés et remplacés par un salaire uniforme de 1 franc perçu sur tout acte qui ne donnait pas prise à un droit proportionnel plus élevé ; ce salaire donnait 9 millions.

Les 16 millions nécessaires pour équilibrer la réforme (car je persistais à ne pas présenter de propositions contre lesquelles on pût élever l'objection du dommage causé au Trésor) étaient demandés à un demi-décime supplémentaire à percevoir sur tous les droits proportionnels autres que les droits sur les ventes, échanges d'immeubles, etc., c'est-à-dire sur les droits frappant les successions, les mutations mobilières ; nous ne faisions donc peser aucune charge nouvelle sur l'Agriculture ; elle bénéficiait au contraire, dans une large proportion, de la suppression des droits fixes.

Nous abaissions à 1 fr. 25 au lieu de 7 fr. 50 les frais de l'assignation introductive d'instance en licitation et liquidation d'une succession bénéficiaire recueillie par des mineurs ; de même pour la signification du jugement à parties :

Etaient également réduits à 1 fr. 25 :

Le cahier des charges, au lieu de 2 fr. 88 ;

Le dépôt du dit cahier, qui coûtait 5 fr. 63 ;

Le procès-verbal d'apposition de placards, au lieu de 2 fr. 50 ;

Les prestations de serment des experts, au lieu de 5 fr. 63 ;

Les procès-verbaux d'enquête, au lieu de 5 fr. 63 ;

Et ainsi de suite, et de même dans les autres instances.

Nous abaissions de 9 fr. 40 à 1 fr. 25 la reconnaissance d'un enfant naturel ; de 3 fr. 75 à 1 fr 25 le consentement à mariage ; n'est-ce pas les pauvres qui, le plus souvent, se privent de la joie d'assister au mariage de leurs enfants ?

Nous montrions que, même après la loi du 26 janvier, la licitation d'un immeuble de 3.000 francs coûterait encore 4 fr. 61 pour cent, tandis qu'un immeuble de 100.000 francs ne coûterait que 49 centimes pour cent. « Réduisons donc encore les droits fixes, disions-nous, sauf à entreprendre plus tard la réforme du timbre et à faire subir à cet impôt comme à tous les autres la règle de la proportionnalité ».

Cette fois encore nous rencontrâmes la résistance de l'Administration. Elle fut même plus obstinée que lors de notre première proposition. Introduire l'unité, la clarté, la justice, dans un labyrinthe réservé à quelques initiés, qui souvent d'ailleurs s'y égaraient eux-mêmes, comme en témoignaient de nombreuses réclamations accueillies par les tribunaux, c'était là sans doute une prétention excessive. Au lieu de reconnaître ce principe, qui veut que l'importance des actes ne soit déterminée que par les valeurs qui en font l'objet le fisc persistait à attribuer arbitrairement une importance présumée aux actes considérés en eux-mêmes et à conserver, avec le droit fixe, l'infinie variété des tarifs ; elle maintenait même la règle de la pluralité ; bref, elle refusait de s'associer à une réforme dont le caractère était vraiment démocratique.

Toutefois, certains abus signalés étaient tellement criants, les exemples cités en matière successorale ou en cas de purge étaient tellement scandaleux que cette fois encore, il parut indispensable de donner, et de donner dans la loi de budget, des satisfactions au moins partielles à l'opinion publique.

L'Administration déposa donc le 17 janvier 1893, un projet qui réduisait d'un tiers tous les droits d'enregistrement des actes extrajudiciaires et rétablissait pour tous ces actes, protêts, commandements, significations, sommations, procès-verbaux, etc., le tarif antérieur à la loi du 28 février 1872 ; — les avis de parents, nominations de tuteur et curateur, les procès-verbaux d'apposition, de reconnaissance et de levée de scellés, étaient dégrevés de la moitié du droit ; — les prestations de serment des petits employés étaient ramenées de 28 fr. 13 à 5 fr. 88 ; — enfin, les prescriptions iniques de la règle de la pluralité des droits fixes étaient abrogées pour les exploits relatifs aux procédures de délaissement par hypothèque, de purge des hypothèques légales ou inscrites, de saisie immobilière, d'ordre judiciaire, et pour les actes d'acceptation et de renonciation à communauté ou à succession, c'est-à-dire dans les cas où ce mode de perception avait donné lieu à ces graves iniquités contre lesquelles l'opinion publique avait protesté lorsque nous les lui avions dénoncées, M. Dupuy-Dutemps et moi.

Ces réductions de tarif aboutissaient à une diminution totale de 5 millions dans les perceptions ; elle était compensée par le doublement du tarif des droits dits « gradués » convertis en un droit proportionnel. Les actes soumis à ces derniers droits sont : les actes de formation et de prorogation de société ; les actes translatifs de propriété, d'usufruit et de jouissance de biens immeubles situés à l'étranger ; les ventes de marchandises avariées par suite d'événements de mer et de débris de navires naufragés ; les contrats de mariage, les partages, les délivrances de legs, les mainlevées d'hypothèques, les prorogations de délai, les marchés dont le prix est payé par le Trésor et leurs cautionnements ; les titres nouvels et reconnaissances de rentes. Tous ces actes, on le voit, n'ont aucun rapport avec ceux sur lesquels portaient les réductions de tarif, et on pouvait dire que les justiciables bénéficieraient réellement de cette diminution.

Il y avait loin cependant de cet abaissement de tarif à la réforme générale et profondément démocratique, proposée par nous, ratifiée par la Commission du budget. D'ailleurs, ces légers remaniements de tarifs, sans vue d'ensemble, opérés aujourd'hui dans le sens du dégrèvement, peuvent être transformés demain en sens inverse et il n'en resterait que l'élévation des droits gradués. Nous ne crûmes donc pas pouvoir transiger, comme l'année précédente, avec l'Administration et, dans un rapport déposé le 8 février 1893 au nom de la Commission du budget, je persévérai dans mon premier projet. Nous fûmes, malheureusement, battus dans la séance du 11 février, et le projet du Gouvernement fut incorporé par les deux Chambres dans la loi de finances du 28 avril 1893. L'*Instruction* du 15 mai suivant, relative à l'exécution de cette loi reconnaît qu'elle « édicte un ensemble de mesures combinées en vue d'améliorer la répartition des droits d'enregistrement, en la rendant plus équitable et plus conforme au principe de la proportionnalité » et que ces mesures sont « dues à l'esprit qui a inspiré la réforme des frais du justice ».

Nous ne saurions trop le redire : bien qu'elle soit incomplète et qu'elle échappe par trop de points à la vue générale de justice proportionnelle qui avait inspiré les propositions premières, la réforme introduite dans les deux lois de finances du 26 janvier 1892 et du 28 avril 1893 réalise des progrès importants :

Elle prépare la revision du Code de procédure civile, en dégageant la question de tout intérêt fiscal, puisque la plupart des actes dont la suppression est proposée ne sont même plus assujettis à la formalité de l'enregistrement et ne produisent plus aucun impôt.

La revision du Code est encore facilitée par la disposition qui oblige les officiers ministériels à distinguer, dans leurs états de frais, les sommes payées au Trésor de celles qui sont versées aux auxiliaires de la Justice. Le contribuable et le législateur peuvent, aujourd'hui, apprécier beaucoup mieux dans quel sens il faut réduire cette partie des frais de justice, quels sont ceux qu'il faut abaisser, quels sont ceux qu'il faut rendre proportionnels.

Les droits sont simplifiés ; ils ne le sont pas assez, mais ils le sont sensiblement. D'où suppression des taxations arbitraires et des contestations entre le contribuable et les agents de perception. En douze années, ces deux lois n'ont fourni matière qu'à un nombre infiniment restreint d'instances tandis qu'ordinairement les lois nouvelles sont des mines inépuisables de procès. Les règles actuelles sont plus simples que les anciennes et il suffira d'en généraliser l'esprit, de revenir à l'application de nos principes pour faire régner la clarté dans un monde de perceptions plus fécond qu'un autre en chinoiseries.

La suppression de la « formalité » elle-même pour un grand nombre d'actes entraîne une grande économie de temps et d'argent.

Les charges fiscales sont plus équitablement réparties, puisqu'une grande partie des droits fixes a été remplacée par des droits proportionnels qui ne pèsent lourdement que sur les grosses affaires. Ici encore, l'on n'a qu'à continuer.

Enfin, il résulte de ces deux lois un dégrèvement réel, effectif, des frais de justice, dégrèvement sans répercussion sur la même catégorie de contribuables ; dégrèvement favorisant plus spécialement les petits procès ; dégrèvement enfin qui a dépassé de beaucoup les prévisions de l'Administration. En justice de paix notamment, les instances et procédures sont dégrevées de plus de moitié.

Le tableau ci-après donne les résultats en chiffres de la réforme.

Avant la réforme, les droits fixes d'enregistrement s'élevaient :

Pour les actes judiciaires à 9.681.000
   —   extrajudiciaires à 16.257.000

           Total 25.938.000

Les droits fixes perçus en 1902 s'élèvent :
Pour les actes judiciaires, à . . . .   3.722.000 ⎫
   —   extrajudiciaires, à . . . .   7.764.000 ⎬ 11.486.000
                                                                            ⎭

           Dégrèvement 14.452.000

Auquel il faut ajouter :
1° les droits de greffe supprimés 7.968.000
2° le timbre des actes de palais et des expéditions de la justice de paix 5.500.000

           Total 27.920.000

Mais les droits proportionnels perçus sur les décisions judiciaires qui ne dépassaient pas en 1891 . . . . . .   4.000.000 ⎫
s'élèvent en 1902 à . . . .   9.000.000 ⎬

           Différence 5.000.000

Il reste donc pour dégrèvement total des frais de justice par an   22.000.000

Ce dégrèvement est fort appréciable si l'on se rappelle qu'il coïncide avec une plus équitable répartition de l'impôt judiciaire ; mais les résultats sont encore meilleurs qu'il ne paraît au premier examen des chiffres. Le nouveau droit proportionnel établi sur les jugements, arrêts, etc., ne pèse en effet que sur les grosses affaires ; la différence entre le produit de ce droit et celui de l'ancien droit de condamnation de 50 centimes pour 100, soit entre les perceptions de 1891.............. 3.976.872
et celles de l'année 1902........................... 8.912.318

c'est-à-dire.. 4.935.446
constitue un véritable dégrèvement des petites affaires et, spécialement, des plus intéressantes, celles qui sont portées devant les juges de paix. Les petits litiges bénéficient ainsi, non seulement d'une part proportionnée à leur nombre dans les dégrèvements nets que nous venons d'indiquer, mais encore d'une décharge annuelle qui n'est pas inférieure à 5 millions.

Ces résultats méritent de nous arrêter un instant :

L'auteur de la proposition n'avait pas l'intention de faire un dégrèvement, je le répète ; il voulait faire produire à la même catégorie de contribuables, c'est-à-dire aux justiciables, la même somme de 40 millions, en la répartissant plus justement, en déchargeant les petits et en frappant les gros davantage. Or, par suite des modifications dont nous avons fait l'historique et que l'Administration a imposées, ce projet de péréquation est devenu un dégrèvement réel de 22 millions. Tel a été le résultat poursuivi et atteint par cette même Administration qui a faussé la réforme sous le prétexte que la généralisation du droit proportionnel pourrait, en multipliant les transactions, faire perdre 5 à 6 millions au Trésor. Les procédés de perception qu'elle a préférés et que les deux Chambres ont dû subir par suite de son insistance, ces procédés ont quadruplé la perte entrevue. Voilà où peuvent conduire ces beaux calculs des grandes Administrations que nous sommes tentés de prendre pour infaillibles et devant lesquels reculent presque toujours les Commissions du budget et les Chambres. Impeccable technicité, ce sont là de tes coups ! La crainte des transactions était probablement chimérique ; mais on pouvait bien, pour 5 ou 6 millions, risquer d'accorder quelques plaideurs, et surtout, faire une réforme complète et simple, franchement novatrice, sincèrement démocratique. On a sacrifié 22 millions pour rester en route et faire une législation compliquée qui garde encore, sans aucune bonne raison (il y en a beaucoup de mauvaises, je le reconnais) des droits fixes variés de 1 fr. 25, 1 fr. 88, 2 fr. 50, 3 fr. 75, 5 fr. 63, 6 fr. 25, 7 fr. 50, 9 fr. 38, 22 fr. 50. etc., et laisse subsister des iné-galités que l'on pouvait supprimer d'un coup !

III

Nous venons de voir fonctionner, dans un cadre modeste, il est vrai, la préparation et la réalisation d'une réforme ; mais, plus le cadre est étroit, plus les observations, les indications, les enseignements sont faciles à faire et à déduire.

Deux années ont suffi, du 27 janvier 1891 au 28 avril 1893, pour modi-fier profondément, pour bouleverser de fond en comble, pourrait-on dire (les tableaux ci-dessus en font foi), un mode de perceptions d'une iniquité particulièrement grave, et ce, en une matière où la routine devait rencon-trer et rencontrait, en effet, des soutiens puissants et intéressés. Les petits justiciables d'aujourd'hui, qui ne paient plus les anciennes taxes, et sur qui pèsent encore des charges étrangères à l'impôt, peuvent ne pas s'apercevoir de la réforme ; il faudrait, pour qu'ils pussent la juger, qu'on leur mît sous les yeux, en même temps que la carte à payer actuellement au Fisc, celle qu'ils auraient dû acquitter d'après les lois encore en vigueur il y a quinze années ; mais la modification n'en est pas moins profonde et salutaire. Oui, salutaire, il n'en faut point douter.

Notre réforme a donné l'élan à une transformation de nos taxes fiscales dans un sens plus démocratique, celui de la proportionnalité. La guerre aux droits fixes a été déclarée ; nombreuses sont les propositions émanant de l'initiative parlementaire ou même du gouvernement tendant à l'allè-gement ou à l'abrogation de cette forme de l'impôt qui frappe le contri-buable en raison inverse de ses moyens.

Pour ne rappeler que celles qui ont abouti et qui contribuent à dégrever les petits contribuables, on peut citer :

Une loi du 12 janvier 1895 relative à la saisie-arrêt sur les salaires et petits traitements des ouvriers et employés ; elle a exempté (art. 15) des droits de timbre et d'enregistrement tous les exploits, autorisations, juge-ments, décisions, procès-verbaux et états de répartition à intervenir en exécution de ladite loi.

La loi sur les accidents du travail (9 avril 1898, art. 29) dispense également ment des droits de timbre et d'enregistrement les actes faits en vertu ou pour l'exécution de ladite loi.

Enfin, une loi du 31 mars 1903, art. 9, exempte du droit d'enregistre ment les reconnaissances d'enfants naturels, quelle qu'en soit la forme, alors qu'en 1892 l'Administration s'était opposée formellement à un simple abaissement de tarif de ces actes assujettis tantôt au droit fixe de 3 fr. 75, tantôt à celui de 9 fr. 38.

Ces différentes lois n'ont édicté que des dégrèvements dans des cas où la perception de multiples droits fixes eût été trop odieuse, mais la péréquation, que nous avons vainement tenté de réaliser en 1892 et 1893, a été opérée en d'autres matières et sur l'initiative même de l'Administration.

Elle s'est, elle aussi, convertie à la proportionnalité.

Deux lois se sont inspirées plus spécialement de nos propositions primitives :

L'une du 31 mars 1896, relative à la vente des objets abandonnés ou laissés en gage par les voyageurs aux aubergistes ou hôteliers, porte, art. 7 : « Tous les actes, spécialement les exploits, ordonnances, jugements et procès-verbaux faits en exécution de la présente loi sont dispensés du timbre et enregistrés gratis. Pour tenir lieu des droits de timbre et d'enregistrement, il est perçu, sur le procès-verbal de vente, 7 pour cent du produit de la vente, sans décimes.

L'autre, du 27 juillet 1900, dont M. Klotz a pris l'initiative, a transformé en une taxe proportionnelle les droits de timbre de dimension et les droits fixes d'hypothèque perçus sur les formalités hypothécaires. Cette réforme n'a pas porté sur moins de 12 millions de droits fixes transformés en une taxe proportionnelle.

Enfin, dans la loi de finances de 1905, prendra place, très probablement, une nouvelle réforme remplaçant par une légère addition au droit proportionnel sur les ventes d'immeubles tous les droits fixes de timbre qui grevaient si lourdement les petites ventes.

On voit que le mouvement est loin de s'arrêter et que la guerre aux droits fixes se poursuit plus acharnée que jamais.

IV

Et maintenant ne reste-t-il plus rien à faire ?

Si fait. En lisant le minutieux et savant commentaire des lois de 1892 et 1893 qui va suivre, appuyé sur une pratique journalière de douze années, on voit apparaître nettement les avantages de la réforme, mais on est surtout frappé des lacunes, des obscurités résultant des altérations que les projets du gouvernement ont fait subir à nos propositions primitives.

Il en est de même dans toute la matière.

La loi du 22 frimaire an VII a été appelée *la plus noble et la seule noble des lois fiscales* (Troplong, *Revue de législation et de jurisprudence*, T. X, p. 147), mais cette appréciation est loin d'être partagée par les commentateurs.

Les plus indulgents sont d'avis que son application requiert l'exercice de toutes les facultés du jurisconsulte. La perception de l'impôt de l'enregistrement, dit M. Demante (1), « est un travail d'analyse qui rappelle assez
» bien les procédés de la jurisprudence romaine, et il est remarquable que
» la matière de l'enregistrement prête aujourd'hui, plus que toute autre,
» à la méthode sévère et parfois même, je ne le cacherai pas, à la subtilité
» élégante des Paul et des Papinien ».

En matière fiscale, un peu moins d'élégance et un peu plus de justice et de clarté ne serait-il pas préférable ?

M. Naquet avoue plus franchement que la loi du 22 frimaire an VII « ne
» lui paraît pas mériter tous les éloges qu'on lui a décernés, et qu'on doive
» la considérer comme un monument sacré auquel on ne saurait toucher
» sans impiété (2) ».

Enfin, MM. Championnière et Rigaud, dans leur Traité que M. Demante appelle l'un des plus beaux monuments de la doctrine moderne, disent nettement son fait à cette vieille loi et en font une critique que tout commentaire affaiblirait : « Il (le projet de loi du 22 frimaire an VII) fut
» combattu comme contenant une foule de dispositions obscures, contra-
» dictoires, injustes, vexatoires, contraires aux notions élémentaires du

---

(1) *Principes de l'Enregistrement*, T. I, p. 3.
(2) *Traité des droits d'Enregistrement*, T. I, p. 25.

» droit et forçant en quelque sorte les citoyens à s'y soustraire. La rédac-
» tion en fut bien des fois changée ; plusieurs dispositions importantes
» et notamment celles qui avaient été le plus vivement critiquées, restèrent
» incomplètes et dépourvues de sanction, dans la crainte peut-être de les
» soumettre à une nouvelle discussion (1) ».

« Sous le rapport des revenus, la loi du 22 frimaire vaut mieux que
» celles qu'elle abroge... mais les principes de la perception sont loin
» d'être aussi nettement posés ; on y cherche vainement le caractère du
» droit d'enregistrement ; les règles s'y croisent et s'entre-modifient ; les
» exceptions sont presque aussi nombreuses. On y rencontre fréquemment
» de ces dispositions dont le sens large et indéterminé, rendant possible
» l'arbitraire de l'interprétation. semblaient destinées à rouvrir la porte à
» la plupart des doctrines abusives de l'ancien droit (2) ».

Si les lois fondamentales de l'Enregistrement et du timbre étaient si
critiquables, il n'est pas à présumer que les 452 lois, décrets ou ordonnances qui, depuis l'an VII, sont venus se greffer sur cet arbre tortueux,
aient dû contribuer à le redresser.

Cette législation, remaniée sans cesse et sans aucun plan d'ensemble, est
devenue un bois tellement touffu que tout le monde s'y perd, et surtout
les contribuables qui en parlent trop souvent comme de la forêt de
Bondy.

Le moment est venu non pas seulement de l'élaguer, mais d'y pratiquer
des coupes sérieuses et de l'aménager d'après des idées plus modernes et
surtout plus démocratiques.

Je crois avoir démontré que l'application stricte du principe de la proportionnalité dans les taxes du timbre et d'enregistrement n'auraient
entraîné aucune perte pour le Trésor, tandis qu'il a perdu 22 millions par
an rien que sur les frais de justice, parce que l'Administration n'a pas
voulu abandonner des procédés de perception surannés, des formalités
inutiles et encombrantes.

Les quelques améliorations introduites depuis ont été réalisées sans plan
d'ensemble et se sont bornées à masquer des abus trop criants ; elles ont
contribué à augmenter, dans une énorme proportion, les obscurités, les
contradictions, les incohérences des lois fondamentales.

(1) Championnière et Rigaud, *Traité des droits d'Enregistrement*, p. 9.
(2) *Loco citato*.

Aujourd'hui, une codification des lois sur l'Enregistrement et le Timbre est devenu absolument nécessaire, urgente.

Il serait à désirer que le Gouvernement en prit l'initiative et préparât un Code fiscal d'où disparaîtraient, avec les derniers droits fixes, les procédés vexatoires de perception auxquels l'humble contribuable a été soumis depuis plus d'un siècle.

Henri BRISSON